CINDERELA SONHAVA COM LINDOS VESTIDOS E BAILES DA REALEZA.

QUE BELO VESTIDO! QUE LINDA CARRUAGEM!

O FEITIÇO DURARIA ATÉ A MEIA-NOITE.

O PRÍNCIPE E CINDERELA SE APAIXONARAM!

E FOI POR CAUSA DO SAPATINHO
ESQUECIDO QUE O PRÍNCIPE

CONSEGUIU ENCONTRAR A AMADA.